Bärbel Schöning

Von Frau zu Frau
Gedichte

© 2004 Bärbel Schöning
Herstellung und Verlag:
Books on Demand GmbH, Norderstedt
Umschlaggestaltung: Bärbel Schöning
ISBN 3-8334-1282-8

Inhalt

Nähe

Diese Augen

Sie sind strahlend.
Sie sind hell.
Sie sind blau.

Wenn sie mich ansehen,
fühl' ich mich glücklich,
fühl' ich mich machtlos,
ist mir flau.

Unentschlossen

Ich bin vom wilden Watz gebissen,
so hab' ich mich verliebt.

Doch manchmal
plagt mich mein Gewissen:
"Ob's nicht nen Bess'ren gibt?"

Ein Leben

Ich möchte morgens aufwachen
und in deine Augen sehen.
Mit dir den Tag belachen,
gemeinsam duschen gehen.

Ich möchte abends hören,
wie du heimkommst zu mir.
Dich sanft betören,
einschlafen mit dir.

Warten

Zwei ganze Wochen
viel Fleisch, viel Gefühl.
Jetzt kommen die Tränen gekrochen,
ob ich dich jemals wieder fühl'?
Du wolltest anrufen - Freitag, Samstag.
Fliegen zu mir am Dienstag.
Kein Anruf.
Ob es an der Nummer lag?
Geflogen kamst du auch nicht,
ob ich das ertrag'?

Der Anruf

Ein Anruf von dir,
ich find' es zu schön.
Du bist nah bei mir,
kann ich dich auch nicht seh'n.
Die Herzenswärme
kriecht aus den Muscheln.
Sympathieschwärme,
mir ist, als ob wir kuscheln.
Das Sagenhafte daran ist,
wenn das Gespräch zu Ende,
du immer noch nah bei mir bist,
als hieltest du meine Hände.

Erste Begegnung

Ich stand mit einem Glas Sekt
in meiner Hand
und lauschte den Worten
unseres Direktors,
als ich einen Schauer empfand
und einen Atem in der Nähe
meines Ohrs.
"Sind Sie die Neue,
deren Stimme ich kenne vom Telefon?
Schön, dass ich Sie nun
kenne persönlich schon."
Ich schaute mich um,
sah in tiefe, warme Augen.
War ganz stumm,
Worte mochten hier nicht taugen.
Ich schlug die Augen nieder,
erblickte dich
den ganzen Abend nicht wieder.

Verliebt

Hey, du süßer Knopf,
verdrehst mir ganz schön meinen Kopf.
Bestürmst mich mit viel Leidenschaft,
wär' gern mit dir in Einzelhaft.
Durch dich fühl' ich mich wieder wohl.
Bin der Liebe und des Dankes voll.
Träume vom
zärtlichen Zusammenleben.
Meinst du, es könnte so etwas geben?

Selig

Fühle mich mit dir
wie in einem
verwunschenen Wald.
Hoffe, unsere Wege
sind nicht allzu steinig.
Stehen auf derselben Lichtung
schon bald,
mit viel Sonne,
da sind wir uns einig.

Fühl' mich wie
lichtdurchflutet mit dir.
Geborgen, warm, geliebt.
Gebe von Herzen viel dafür,
dass sich die große Liebe ergibt.

Umwerfend

Ich werde das Gefühl nicht los.
Was machst du denn mit mir?
Hab' im Hals ständig nen Kloß.
Träume von dir.
Mein Magen spielt verrückt,
fühl' mich fast schon krank.
Heut' seh', fühl' und
schmeck' ich dich.
Gott sei dank.

Sunny

Wie eine Spinne in ihrem Netz
sitze ich und warte auf dich.
Du weißt, wie sehr ich dich schätz',
ich weiß, du magst auch mich.
Bis jetzt fliegst du
in hübschen Kreisen
immer um mein Netz herum.
Machst mich hungrig
auf verschiedene Weisen
und ich bleib' wartend stumm.
Sehnsüchtig folgt ständig
dir mein Blick,
doch du musst von alleine kommen.
Hoffe, du verfängst dich
und willst nicht zurück.
Ohne dich verhungere ich
und bin schon ganz benommen.

Ein Traum

Wir beide zusammen
und das für immer.
Schliefen nachts in einem Bett
im selben Zimmer.
Würden gemeinsam
lieben und streiten.
Keine Chance den Problemen,
die uns entzweiten.
Im Haus das Lachen
vieler Kinder.
Einzige Sorge:
Wie stopfen wir so viele Münder.
Ein Gefühl, das sich verstärkt.
Tag für Tag,
ganz von allein.
Sag ehrlich:
Wär' das nicht zu schön,
um wahr zu sein?

Guter Hoffnung

Gänsehaut rauf und runter,
sing' dich in Gedanken an.
Bin um halb eins noch munter,
fühl', dass ich nicht schlafen kann.

Mein Gesicht brennt,
die Ohren sind heiß.
Wer die Sehnsucht kennt,
weiß um den Schweiß.

Cranz

Musikanten sind in der Stadt,
im Blumenladen im Dorf.
Blauer Himmel - Sonne satt,
sitzen bei Mai-Bowle
zwischen Jasmin und Torf.
Im Garten des
Blumenhändlers Cranz,
in der kleinen grünen Laube.
Ich an der Seite des Mann's,
der gut ist für mich, wie ich glaube.
Ein Stoppelbart, ein zärtlicher Arm,
sein Atem an meinem Ohr.
Seine Stimme ruhig und warm,
so stellte ich mir immer
meinen Traummann vor.
Nun in diesem Garten hier
darf ich tatsächlich bei ihm sein.
Ich gäbe so viel dafür,
wäre er auf ewig mein.

Zusammen

Es war vor einer Weile,
da schrieb ich öfter ein Gedicht.
Doch was ich momentan so fühle,
sag' ich dir nun in dein Gesicht.

Nicht, dass ich mich
vorher nicht traute,
auch gab's genug Schönes zu sagen.
Nur
ich seltener in deine Augen schaute.

Jetzt kann ich es an allen Tagen.
Dieses Gefühl ist unbeschreiblich.
Ich hab' dich gern um mich.
Ich liebe dich.

Glück

Unsere Augen sagen:

"Ich liebe dich."

Unsere Hände

wollen nicht still halten.

Das Lächeln

auf unseren Gesichtern

spricht

von Glück.

Mein Stern

Ein gut aussehender Mann
von 50 Jahren.
Mit sich, der Welt und
den Frauen erfahren.
Der sich wie 35 anfühlt,
mich, mein Herz,
meinen Körper aufwühlt.
Der seinen jugendlichen Charme
nie verloren,
den hab' ich mir
für den Rest meines Lebens
auserkoren.

Malcesine

Sonne und Wolken

Schirme gelb-weiß

Der Duft deiner Sonnencreme

Dein 3-Tage-Bart

Der Gedanke an deine Hände

Unsere hitzigen Körper

Ströme von Zärtlichkeit

Endlich

Wir sind uns so nah,
gefühlsmäßig ein Katzensprung.
Kilometer sind es Tausende.
Doch unsere Empfindungen
verkürzen diese Strecke.
Und die wenigen Male,
die wir uns sehen können,
ersetzen ein ständiges
Beisammensein.
Vielleicht werden wir das einmal haben.
Vielleicht ist es
auch nicht erstrebenswert.
Vielleicht bleibt alles ewig so,
wie es ist.
Doch momentan
gefällt es mir,
find' ich es schön,
bin ich zufrieden.

Endlich!

Sonnenuntergang

Ich liege auf der hölzernen Bank

mit dem Kopf in deinem Schoß.

Räkle mich und mach' mich lang.

Du hältst mich fest,

lässt meine Seele los.

Wie andere Romantiker

sehen wir die Sonne untergehen.

Am Leuchtturm

ist der Blick ganz klar.

Fühlen schweigend,

wie wir zueinander stehen.

Ohne dich

Der Gedanke an dich.
Kuschelrock vom Band.
Deinen Gutschein lese ich,
vom Gefühl übermannt.
Vorm Fenster Winterlandschaft,
die uns verbindet.
Woher nehme ich die Kraft,
die Entfernung überwindet?
Tee, Duftlampe,
untergehende Sonne.
Möchte die Stimmung mit dir erleben.
Eintauchen in deine Wonne,
schwebende Zärtlichkeit an dich
weitergeben.
Du könntest sie aufbewahren,
von ihr zehren.
In den nächsten Jahren
zum Nachschub-Holen heimkehren.
Das Band ist zu Ende.
Die Stille fängt mich ein.
Der Gedanke an dich spricht Bände
und ich bin nicht allein.

Freudige Erwartung

Ich träume von der ersten Nacht,
in der ich dich berühren werde.

Wenn einer den anderen glücklich macht,
das schönste Gefühl der Erde.

Nackt beieinander liegen,
sich streicheln überall.

Möchte mich an dich schmiegen,
bis ich aus den Wolken fall'.

Eine Nacht, die man nie vergisst.
Danke, dass du bist, wie du bist.

Wiedersehen

Seit deiner Abreise
freu' ich mich auf deine Wiederkehr.
Der Abschied war leise,
das Wiedersehen wird mehr.

Ein Jubel, ein Tosen,
ich seh' es vor mir.
Ein Küssen, Liebkosen,
alles mit dir.

So seh' ich es täglich
in meiner Seele.
Und freue mich unsäglich,
dass ich dir nicht fehle.

Die Liebe

Lieben ist herrlich.

Geliebt werden phänomenal.

Den Falschen lieben gefährlich.

Es zu bemerken katastrophal.

Distanz

Blindgänger

Kann es denn gelingen?
Verständnis zwischen Mann und Frau?
Frisch verliebt sie alle beginnen,
wie es ausgeht, weiß ich ganz genau.

Die Frauen reden, die Männer schweigen,
glauben, Beziehung klappt von allein.
Wenn Mädels dann die Zähne zeigen,
denkt Mann: "Das kann nicht sein."

"Gestern war noch alles klar,
unsere Beziehung voll im Lot."
Was Mann meistens übersah:
Ihre Gefühle waren schon lange tot.

Jedes Warnsignal verpasst.
Rote Ampeln übersehen.
Sie für Diskussionen gehasst.
Kannst die Welt nicht mehr verstehen.

Leben und Träume

Ich habe eine Ruhe in mir,
die schenk' ich dir.
Nimm sie und hole tief Luft,
damit der Gedanke nicht verpufft.
Der Gedanke an dein Leben,
dem du einen Sinn gegeben.
Der Gedanke vielleicht an später
und die Angst,
den heimlichen Verräter.
Der Gedanke an
dein schlechtes Gewissen,
an viel Lust, viel Spaß, viel Küssen.
Der Gedanke
an deinen Seelenfrieden.
Leben und Träume
sind so scheiß verschieden.

Beinah' hautnah

Die Sehnsucht, die ich habe,
tut fast schon weh.

Mein Leben hat eine andere Farbe,
wenn ich dich nur seh'.

Deine Augen.
Dein Blick.
Dein offenes Hemd.

Schmachten uns an
und müssen so tun,
als wären wir uns fremd.

Es macht mich traurig,
immer mehr.

Lackschuh oder Barfuß

Der Zustand der Schwebe
macht es mir schwer,

zieht mit aller Macht
an meinem Herzen.

Ich will doch gar nicht
so viel mehr,

nur,
nimm mir meine Schmerzen.

Ja mit mir oder
zurück zu ihr.

Klarheit
wünsch' ich mir von Herzen.

Herzschmerz

Das Gefühl für dich
wird Tag für Tag mehr.

Das erschwert die Sache für mich.
Für nebenbei mag ich dich zu sehr.

Will, dass du allein entscheidest.
Nur für dich.

Will nicht sehen, wie du leidest.
Am wenigsten für mich.

Früher oder Später

Zu spät für Reparaturen.
Zu früh für Bettgeschichten.
Zu spät für Reha-Kuren.
Zu früh für Knutschspuren.

Gefühle verdichten

Zu spät für Neuanfänge.
Zu früh für Streicheleinheiten.

Flüsterklänge einleiten

Dafür aber sich erklären.
Zärtlichkeiten abwehren.
Spaziergänge geheim halten.
Dann heim zum "Alten".

Aus meinen Augen
Aus deinem Sinn

Es grummelt, brodelt und rumort
seit Tagen in meinem Bauch.
Du merkst davon nichts,
fern an jenem Ort.
Selbst, wenn du es wüsstest,
interessiert es dich auch?
Für mich ist das nicht mehr so klar,
werde aus deinem
Verhalten nicht schlau.
Schmetterlinge eine große Schar,
Essen geht nicht, im Hals ist Stau.
Ich trauere und weiß nicht warum,
eigentlich ist nichts gewesen.
All meine Träume bleiben jetzt stumm.
Ich dachte,
ich hätt' in deinen Augen gelesen.
Doch Auge und Mund
sind sehr verschieden.
Ein klarer Blick
hätt' manch' Kummer vermieden.

Feierabend

Ein Jahr.

Es ist nichts mehr da.

So viel gewollt.

Nichts bekommen.

So viel gegeben.

Das Herz beklommen.

Zu zweit allein

will ich nicht mehr sein.

Ich hatte einmal einen Mann

Wir kennen uns so viele Jahre
und du, du siehst mich nicht mehr an.
Ich ändere mich, kürze die Haare
lese das Buch:
"Wie verführ' ich meinen Mann."
"Warum fühlst du dich hässlich,
wenn er hässlich zu dir ist?",
fragt ein Freund,
als der Schmerz unermesslich,
"macht die Nichtachtung
dich so, wie du bist?"
Mein Selbstvertrauen ist zerstört.
Depressionen geben den Rest.
In meinem Körper - alles verkehrt
und du tust so, als hätt' ich die Pest.
Warum das Ganze - keiner weiß es.
Unsere Ehe zerbrach daran.
Dir geht's ganz gut, so heißt es.
Ich komm nur langsam voran.

Schwerer Weg

Es fällt mir schwer es zuzugeben,
doch es tut noch immer weh.
Jedes Mal den Schmerz erleben,
wenn ich an eurem Haus vorüber geh'.

Seh' die Fenster hell erleuchtet,
weiß genau, du bist zu Haus.
Meine Augen, leicht befeuchtet,
schauen stur nach geradeaus.

Möchte dich so gern erblicken,
doch ich weiß es ganz genau:
Mein Herz zerfällt in tausend Stücken,
säh' ich dich mit deiner Frau.

Nachlese

Du hast viel in mir verändert,
auch in meinem Bauch.
Augen und Seele
schwarz umrändert.
Ich hab' geglaubt,
dass ich dich brauch'.
Du hast mir sehr oft weh getan,
mich die meiste Zeit verletzt.
Fass' mich nicht noch einmal an.
Ich hab' geglaubt,
dass du mich schätzt.
Diese Zeit, sie ist zu Ende.
Wir beide haben keine Chance.
Geben uns nicht
mal mehr die Hände.
Schluss mit meiner Trance.

Keine Tränen

Ich bin traurig.
So leer,
dass keine Tränen kommen.
Du,
ich brauch' dich.
Doch du hast Urlaub genommen.
Von mir,
von meiner Liebe,
schon drei Tage ohne ein Wort.
Da ist nichts,
was mir bliebe,
denn du bist fort.

Rarität

Du machst dich rar.
Ich merke es sehr.
Bist da und doch nicht da,
du willst
und willst doch nicht mehr.
Du vermisst unsere Gespräche,
doch nein -
kaum ausgesprochen,
kannst du gut ohne mich sein.
Du sagst, du magst mich,
doch im selben Augenblick
fühlst du ausgeliefert dich,
als gäbe es kein Zurück.
Du machst mich wuschelig,
was soll ich davon halten.
Dabei ist es mit dir so kuschelig.
Würd' mein Gefühl für dich
gern behalten.

Tränen

Der Augenblick

Jetzt ist er da

Geahnt

Doch ungeplant

Ausflüchte

Gibt es keine

Du gehst nach Haus

Und ich

Ich weine

Du

Wirst du mir jemals wieder glauben?
Weiß doch selber nicht warum.
Ängste mir die Nerven rauben,
nehm' mir selbst so vieles krumm.

Will alles ungeschehen machen,
nur geträumt erneut erwachen,
deinen Anruf dann ersehnen,
mich an deine Schulter lehnen.

Wie durch ein Wunder
dürfen wir beide leben.
Mein Herz brennt wie Zunder,
darf ich es dir wieder geben?

Böses Erwachen

Da erwachst du
aus deinem Dornröschenschlaf
und der Prinz, den du küsst,
verwandelt sich in einen Wolf.

Du denkst,
du kannst ihn überlisten,
so, wie das siebente Geißlein.

Doch er verkleidet sich
als Großmutter
und frisst dich
mit Haut und Haar.

Chaos

Nur noch Fehler
in meinem Leben.
Habe mir selbst
die Richtung genommen.
Habe Angst,
Gefühle zu geben.
Hab' dafür zu wenig bekommen.
Mache Schulden,
gebe alles.
Verkaufe
meine schönsten Stücke.
Bin ein Möbel höchsten Falles.
Kann aus einem Elefanten
keine Mücke
(machen).

Leise

Mehr kann ich nicht tun.
Kann nur weiter leben und spüren.
Meine Wünsche in mir ruhen,
möchte sie nicht gern verlieren.

Doch Einfluss darauf habe ich nicht.
Was ich möchte, habe ich gezeigt.
Sehe deine Augen
vor meinem Gesicht
und hoffe,
dass mein Mund hier schweigt.
Er hat sich zu oft,
zu viel aufgetan
unbedachterweise.

Ich fang noch einmal
von vorne an,
ganz ganz leise.

Veränderung

Fragen, Fragen, Fragen.
Was soll ich euch denn sagen?
Ihr braucht nicht alles wissen,
von Tränen und von Küssen.
Lasst mir doch meinen Frieden.
Hab' Stress so gut vermieden.
Wie soll das mit den Fragen gehen?
Ihr könnt die Antwort nicht verstehen.
Jetzt, wo ich eine andere bin,
macht unsere Freundschaft da noch Sinn?
Mag sein, ihr fehlt eine neue Definition.
Doch Fragen ohne Antworten
was bleibt da schon?

Sex

Fetisch

Du hast so schrecklich süße

große Männerfüße.

Ohne Dellen und Schwielen

ganz zart

vom Cremen und Peelen.

Es ist ein Genuss

so ein Kuss

für deinen Fuß.

Wasserspiele

Ein großes Teil

unter Wasser.

Ich fasste es an

und wurde nasser.

Wellenspritzer

mit uns im Takt.

Schönster Nordseeakt.

Überwältigt

Sonne am Strand

Wasser und Land

Hand in Hand

von Wellen umrannt

von dir übermannt

von niemand erkannt

die Liebe mich fand

Stubsi

Oh, Stubsi,
du bist so zart und weich.
Was aus dir werden kann,
sieht man nicht gleich.
Ich weiß es,
denn ich habe es gefühlt.
Ich war kess,
da hast du mich aufgewühlt.
Liebevoll gesteuert
von deinem ständigen Begleiter.
Ihr seid beide süß,
macht nur so weiter.

Quicky

Es zittern meine Beine,
bekomme Gänsehaut.
Mein Körper
kommt noch nicht ins Reine.
Mein Kopf
hat dich durchschaut.

Und was ich sehe,
gefällt mir gut.
Wenn ich
nach Hause gehe,
schwindelig
vom Rin und Rut.
Träume
von einem Nachspiel,
einschlafen zu zweit.
Unser Beisammensein
gibt mir viel,
doch meine Träume
sind noch weit.

Nachspiel

Mein Gesicht ist heiß,
es brennt.
Ich stehe
mit nacktem Oberkörper
vor dem Spiegel,
berühre mit meiner Hand
die Stellen, die dein Bart
rot geschubbert hat.
Ich fühle deinen Mund
auf meinem Busen,
deine Küsse
auf meinen Wangen
und träume
von mehr.

Sprachlos

Diese Abschiede

im Bademantel

das Aufräumen

der Liebesbeweise

das Waschen

des heißen Unterleibes

und dann

nicht schlafen können

aber auch nicht

zu dir rennen.

Wann?

Da liegen wir nun beide hier.

Zum ersten Mal

schläfst du bei mir.

Es war wohl

eine viertel Stunde,

mir lief das Wasser

zusammen im Munde.

Hätte dich streicheln können

bis morgen früh.

Hoffe, eines Tages,

da gehst du nie.

Tempo

Mein Bein an deinem Bein.

Meine Arme um deinen Bauch.

So könnte es Stunden sein,

vielleicht findest du das auch.

Po an Po aneinander rücken.

Das gefällt mir so,

mich eng an dich drücken.

Bin noch lange nicht satt,

vom Fahren

auf deinem Motorrad.

Die Chance

Du hast dich getraut,
alle Brücken hinter dir abgebaut.

Jetzt, wo du deine
Freiheit wieder hast,
denk' dran, dass du
den richtigen Entschluss fasst.

Du hast jetzt die Gelegenheit,
bist wieder zu allem bereit.

Brauchst nicht den
Erstbesten nehmen,
wenn noch andere in Frage kämen.

Noch einmal leichtsinnig sein,
in diverse Betten raus und rein,
ist doch eine Sünde wert.

Mach' jetzt nichts verkehrt.

Mal unter uns

40

Alles verrinnt
Doch es beginnt
Zwei gewinnt
Körper getrimmt
Übereingestimmt
Neues ersinnt
Erwachsenes Kind
Falten geschwind
Viel Sturm ohne Wind
Zucker und Zimt
Seele verstimmt
Glücklich wir sind
Alles verrinnt

Kopf und Herz
Körper und Geist

Mag nicht mehr über Erziehung streiten.
Lass dich doch zum Sport anleiten.
Meine Nerven liegen blank.
Dabei bleibst du rank und schlank.

Lass den Stress nicht an dich ran.
Erzähl das mal Kind und Mann.
Fühl mich 4-fach belastet.
Dafür wird doch jährlich gefastet.
Ach, das wirst du schon schaffen.
Schaffen?
Lass mich endlich wieder schlafen.

Zeitraffer

mit 10	süßes Ding
mit 20	Finger mit Ring
mit 30	Kinder und Herd
mit 40	geschieden, noch etwas wert?
mit 50	verehrt
mit 60	im Süden
mit 70	endlich zufrieden?

Die Suche

Was mach' ich nur?
Was mach' ich nur?
Komme immer
auf dieselbe Spur
Manche deiner Worte
ich bereits aus
anderem Mund erfuhr.
Vieles kommt mir ähnlich vor.
Habe langsam Angst davor.
Auf dem Weg von Spur zu Spur
ich mich meistenteils verfuhr.

Maulsperre

Meine Gedanken
sind klar.
Ich weiß,
was ich sagen will.
Aus meinem Mund
Wirrwarr,
um mich herum
alles still.
Sie schauen mich an,
sehen Entsetzen
in meinem Gesicht.
Ich fang' neu an,
schaffe es nicht.

Fortschritt

Ich erwische mich beim Träumen.

Befinde mich in fremden Räumen.

Sehe ein fremdes Kind,

das auf mich schaut.

Es ist mir seltsam,

sehr vertraut.

Was kann es nicht alles geben.

Ich bin im Traum

drei Schritte weiter

als im Leben.

Fremd

Allein in einem fremden Land

selbst an deiner Hand

unerkannt

ich die Liebe fand.

Frauen

Du und ich haben ein Problem
lieben beide denselben Mann.

Ich hab's nie als Problem gesehen,
gebe aber zu, dass man das kann.

Es ist nicht einfach für uns beide,
hätte gern zur Freundin dich.

Wollen doch beide
für ihn nur Freude,
komm' und unterstütze mich.

Glücklich können wir ihn machen,
wenn wir viel gemeinsam lachen.
Wir werden es schaffen,
ich weiß es genau,
du als Tochter, ich als Frau.

Mein Weg

Ich habe sehr viel nachgedacht.

Warum wird mir
das Leben schwer gemacht?

Geht's nicht beschwingter?
Etwas heiter?

Mein Weg ist hart,
doch er bringt mich weiter.

Au weia!

Ich habe so viel aufgeschrieben,
mir meinen Kopf freigemacht.
Die Sehnsucht hat mich angetrieben,
mein Schweinehund hat sich totgelacht.

Ich gebe immer alles
und übersehe leicht dabei:
In diesem Fall des Falles
ging meine Kraft vorbei.

Ich habe schwer gesündigt,
an mir, an meinen Kindern.
Das Problem in meinem Herzen liegt.
Hoffentlich kann ich es mindern.

Kopfnuss

Möchte so gerne
aufschreiben,
loswerden
das Gefühl der Leere.
Mir fehlen die Worte.

Kein: Ja endlich.
Kein: Schade um uns.
Nichts als Warten.

Dass Leere so weh tun kann.

Es wird Zeit!

Mein Kopf wird frei.

Die Gedanken werden klar.

Die Traurigkeit geht vorbei.

Die Angst aber bleibt da.

Was ich erlebte,

kann ich nicht so leicht vergessen.

Nur die Ruhe jetzt ermessen.

Eine Nummer schlauer

Einladung zum Fest,
ich ging allein.
Die Musik gab mir den Rest,
ich kann auch
unter Menschen einsam sein.
Schneeballwalzer, großer Gott,
prompt wurde ich geholt.
Dann winkte ich dir ganz flott,
du hattest noch nicht genug alkoholt.
Nach mehreren Bieren
tanzten wir ganz gut.
Du begannst mich zu rühren.
Hast es gemerkt und bekamst mehr Mut.
Das Fest ging zu Ende,
wir nach Hause.
Wechselten Kleidung, wuschen Hände,
machten die große Sause.
Vertanzten die ganze Nacht,
landeten in einem Bett.
Habe dich nach Haus gebracht.
Es war ja ganz nett.
Seitdem haben wir uns nicht geseh'n
und das ist schön.

Die Entscheidung

Solo sein hat nicht nur Nachteile.
Gut, ab und an etwas Langeweile.
Doch keine Rechenschaft - bedenke -
kein Kompromiss, kein Gezänke.
Du kannst tun und lassen was beliebt.
Niemand, der dir Widerspruch gibt.

Doch eines Tages glaube mir,
kommt die Gretchenfrage auch bei dir.
Dann kommt jemand, der will es wissen,
"Möchtest du nur mich noch küssen?"

Antwort darauf geben, wolltest du nie.
Und nun? Badeanzug oder Bikini?
Zu zweit oder weiter allein mit Schwung?

Deine Entscheidung.

Die Suche

Zerrissenheit, du tust mir weh.
Verfolgung im Traum, du böse Fee.
Verspannungen, der Körper ist stur.
Zufriedenheit, wo bleibst du nur?

Ich bin doch in dir,
nur noch gefangen.
Verändere dich,
dann wirst du zu mir gelangen.

Der große Schrecken

Habt ihr's gehört, habt ihr's gesehen?
Es ist in letzter Zeit häufiger geschehen.
Adolf wird zum Leben erweckt.
Selten hat man mich so erschreckt.
Werden die Menschen
denn niemals schlauer?
Beweisen wir uns nur als
„Historienklauer"?
Muss sich denn alles wiederholen?
Jungs, man müsste euch
den Hintern versohlen.
Statt dessen dürft ihr das
Maul aufreißen.
Vor laufender Kamera
Brandbomben schmeißen.
Vorm Fernseher,
bleich im Sessel lehn' ich.
Jungs, ein Arschvoll
ist viel zu wenig.

Alte – Neue

Nazis ziehen durch unsere Stadt.
Neo's nennen wir sie.
Ich habe diesen Anblick so satt,
sie verfolgen mich richtig. Die,
die wir in Wochenschauen
von damals sehen,
die heute wieder in Uniform gehen,
die vor brennenden Häusern stehen.
Redefreiheit hin und her.
Demokratie gut und schön.
Damals waren es anfangs
auch nicht viel mehr.
Was dabei raus kam,
haben wir doch gesehen.
„Tja, wenn alle so schlau wären wie du,"
bekam ich zu hören.
Verdammt noch eins,
das hat doch nichts mit
„Schlau-Sein" zu tun.
Vielmehr mit Angst.

Familie

Opa's Fotos

Opa's Fotos erinnern mich,
Frauen waren früher oft allein.
Hatten auch nur ihre Kinder und sich.
Wenn man will, kann man stark sein.

Mir dagegen geht es gut,
höre ich doch regelmäßig von dir.
Du bist gesund, machst mir Mut,
und einmal bist du wieder hier.

Opa's Fotos machen mir klar,
was damals außerdem noch war.
Ich kann stark sein bis an den Kragen,
die Sehnsucht tut weh ...
... an manchen Tagen.

Großmütter

Eine drahtig und schick.
Die Andere derb, eher dick.

Eine belesen, gereist sehr weit.
Die Andere schlicht und wenig Zeit.

Die Andere hat gelebt,
damit sie lang leide.
Eine brachte vieles ins Lot.

Lieben tu ich sie beide.
Die Andere ist schon tot.

Wir beide

Deine Stimme

Dein Gesicht

Kenn' ich dich?

Ja, natürlich.

Nein, ich kenn' dich nicht.

Und dabei kommt es mir

vor wie gestern,

da waren wir noch Schwestern.

Auf einmal ...

27 Jahre
immer zusammen.
Anfangs du noch ohne Haare,

immer gemeinsam,
bis deine Probleme kamen.

Jetzt?

Kann ich
deinen Anblick nicht ertragen.
Weiß keine Antwort,
wenn Freunde nach dir fragen.

Dein erster Geburtstag ohne mich.

Geht's dir auch so?

Ich vermisse dich.

Durchhalten

Du, ich mag dich.

Du, ich hab' dich lieb.

Hab' dich lang nicht so gesehen.

Habe dich ja so vermisst.

Du schaffst es,

kannst den Weg durch die Hölle

nach Hause gehen.

Ich hoffe, dass du den Weg

zu uns nie mehr vergisst.

12. April 1995

Ich hatte dich schon

für tot erklärt.

Abgeschrieben.

Sah dich

und den goldenen Schuss

unter einer Brücke

erfrieren.

Bitte,

lass das nie wieder

passieren.

Für Mutti

Du gibst und gibst,

noch und noch.

Du liebst und liebst,

enttäuscht wirst du doch.

Drum steh' bitte auf

und mache dich gerade.

Du änderst nicht des Lebens Lauf.

Jeder geht seiner eigenen Pfade.

Eltern

Engumschlungen
Ungezwungen

Nach 35 Jahren
Das böse Erwachen
Probleme in Scharen
Schreckliche Sachen
Drogenkind
Scheidungsenkel
Ratlos sie sind
Ehegezänkel

Engumschlungen?
Ungezwungen?

Hallo?

Was ist denn los?
Komm' ich in die Wechseljahre?
Fühlte mich bislang ganz groß,
doch die Dinge,
die ich erfahre,
lassen mich nicht los.

Ein Gefühl,
das ich nicht mag.
An wem das wohl lag?

Meine Kompetenz
als Mutter ist dahin,
stecke tief in
Schuldgefühlen drin.

Am Ende soll ich
immer die Blöde sein?
Nein, Leute, nein!

Ihr habt mich
um eure Ehrlichkeit gebracht.

Ein Haus, was lange
schon bröckelt,
ist zusammen gefallen.
Gestern noch herumgestöckelt,
heute Latschen ohne Schnallen.

Mein Blick hat
sich verändert.
Kümmerlich, großkotzig,
wenig liebenswert.
Mein Herz
Trauer umrändert.
Werkzeug, Blaumann, Herd.

Werde mich entfernen
für mein Seelenheil.
Griff nach den Sternen,
fiel vom Hochseil.

Familie

an einem Tisch

stumm wie ein Fisch

außen sympathisch

innen apathisch

Familie

Kinder, Kinder

Der Gedanke

Ein Kind,
hingegeben zur Adoption,
9 Monate hast du es dann schon.

Ein Kind,
getötet in großer Not.
Not ist Not,
aber tot ist tot.

So oder so, wird mir ganz bang.
Denke ich an dieses Kind
ein Leben lang.

Meine Kinder

Auf die Welt gekommen
schneller als gedacht.
Haben mich in Beschlag genommen
viele Nächte mit mir verbracht.
Bald hatten sie ihren Willen entdeckt,
so gab's auch oftmals Tränen,
doch haben wir sie nie versteckt,
konnten uns immer aneinander lehnen.
So gehen die Jahre dahin
und eines haben wir gelernt:
Jeder sucht nach seinem eigenen Sinn,
ein gutes Stück vom anderen entfernt.
Doch ob Streit und Zank
oder Zärtlichkeiten in der Wanne,
ich habe sie und Gott sei dank,
so lange er das will, noch lange.

Ziellos

Kinder groß, Kinder klein,
müssen so viel Sorgen sein?
Wollte alles anders machen,
viel mehr schmusen,
viel mehr lachen.
So viel mehr Gelassenheit,
Liebe, Liebe weit und breit.
Was ist daraus geworden?
Manchmal könnt' ich sie ermorden.
Kein Geld, keine Zeit,
nur viel Arbeit.
Gelassenheit?
Wo blieb mein Ziel?
Plötzlich ist es dann zu spät,
Kind für Kind aus dem Hause geht.
Mit meinem Gewissen bleibe ich allein.
Lieb' euch Kinder - groß und klein.

Alles und Nichts

Schuhe – Größe 43
Hemden in xl
Gel im Haar
coolness pur
Steaks en masse
Eis en gros
nackte Mädchen gucken
Muskeln machen

Erwachsen sein wollen,
sich aber nicht so benehmen können.
Ein Herz haben,
aber nicht wissen für wen.
Intelligent sein,
aber nicht wissen wofür.

Selbstgänger

Mein Kindelein,

was denkst du denn?

Dass Muttersein ist immer schön?

Ich freu' mich, wenn du kannst allein

auf deinen Speckebeinen stehen.

Dann habe ich Ruhe, außen und innen.

Kannst von mir in die Fremde gehen,

wirst das Leben gewinnen.

Freiheit

Die Kinder werden groß,
wann lassen sie mich los.

Möchte Erwachsensein erleben,
mal wieder auf Wolke sieben schweben.

Mülleimer ohne Bio-Schimmel.
Entdeckung eines Mini-Putzfimmel.

Das Erhaschen von
etwas Selbstständigkeit -
wann ist es denn soweit?

Die Kinder werden groß.
Ich lass' sie gerne los.
Noch lieber, wenn ich weiß, sie sind
auf das Leben eingestimmt.

Roundabout

Wenn du stetig abbiegst,

immer in die gleiche Richtung.

Passiert eines auf alle Fälle:

Du kommt wieder vorne an,

bewegst dich gar nicht von der Stelle.

Céline

Es tut mir leid um dich, mein Kind.
Hätte dich gern kennen gelernt.
Manchmal wünscht ich,
dass wir zusammen sind.
Doch du bist so weit entfernt.

Habe dich dort hingebracht,
gut beraten - abgeklärt.
Hab' es mir nicht leicht gemacht
und es war auch nicht verkehrt.

Du hättest es nicht gut gehabt,
hättest es mir nie verziehen.
Mein Gefühl für dich überschwappt.
Ich denke oft an dich, Céline.

Roller-Coaster

Meine Gefühle fahren Achterbahn.
Ich komm' nicht an dich ran.
Heute himmelhoch jauchzend,
morgen zu Tode betrübt,
reißt du mich mit.
Du lügst, wenn du den Mund aufmachst,
egal, ob du dich mit mir verkrachst.
Ob du heimlich über mich lachst?
Möchte dir helfen,
doch alles vor die Füße schmeißen.
Dann können deine Auf's und Ab's
mich nicht mehr mit sich reißen.
Du bist erwachsen,
sollst auf eigenen Beinen stehen.
Wie viel Zeit wird noch vergehen?

Mein Leben lang

Vom Tag an
im Entbindungszimmer,
wird es täglich
immer schlimmer.

Von Erziehung
kaum einen Schimmer,
zu viel oder zu wenig
Gekümmer.

Lieb ich euch.

Schon immer.

Für immer.

Die Autorin

Bärbel Schöning wird 1962 in Elmshorn geboren. Mit 14 Jahren beginnt sie zu schreiben.

Nach dem Abitur und der Ausbildung zur Bürokauffrau genießen lange Zeit Ehemann und Kinder erste Priorität.

Mit der Scheidung ergießt sich ihr Innerstes in ihre Gedichte. Seitdem hat sie mit dem Schreiben nicht aufgehört.

Mit „Von Frau zu Frau" veröffentlicht Bärbel Schöning mit 42 Jahren ihren ersten Gedichtband.